escola - ụlọ akwụkwọ	2
viatge - njem	5
transport - njem	8
ciutat - obodo	10
paisatge - odida obodo	14
restaurant - ụlọ oriri na ọnụnụ	17
supermercat - ụlọ ahịa	20
begudes - ihe ọnụnụ	22
menjar - nri	23
granja - ugbo	27
casa - ụlọ	31
sala d'estar - ime ụlọ ezumike	33
cuina - usekwu	35
bany - ụlọ ịsa ahụ	38
cambra de nen - ụlọ nwa	42
roba - uwe	44
oficina - ụlọ ọrụ	49
economia - akụnụba	51
oficis - aka ọrụ	53
eines - ngwaọrụ	56
instrument de música - ngwa egwu	57
zoo - zuu	59
esports - egwuregwu	62
activitats - ihe omume	63
família - ezinụlọ	67
cos - ahụ	68
hospital - ụlọ ọgwụ	72
urgència - mberede	76
terra - Ụwa	77
rellotge - elekere	79
setmana - izu	80
any - afọ	81
formes - ụdị	83
colors - na agba	84
oposats - mmegide	85
nombres - nọmba	88
llengües - asụsụ	90
qui / què / com - onye / ihe / olee	91
on - ebee	92

Impressum
Verlag: BABADADA GmbH, Nedderfeld 112 , 22529 Hamburg
Geschäftsführer / Verlagsleitung: Harald Hof
Druck: Books on Demand GmbH, In de Tarpen 42, 22848 Norderstedt

Imprint
Publisher: BABADADA GmbH, Nedderfeld 112 , 22529 Hamburg, Germany
Managing Director / Publishing direction: Harald Hof
Print: Books on Demand GmbH, In de Tarpen 42, 22848 Norderstedt

escola
ụlọ akwụkwọ

- classe
  n'ime ụlọ akwụkwọ
- dividir
  nkewa
- tauler
  obosara
- pati (de l'escola)
  ogige ụlọ akwụkwọ
- professor
  onye nkuzi
- paper
  akwukwo
- escriure
  dee
- estilogràfica
  mkpịsị ode akwụkwọ
- escriptori
  tebụl
- regle
  ngwaoru eji atu ihe osise
- llibre
  akwụkwọ
- estudiant
  nwa akwụkwọ

bossa
akpa

estoig
akpa pensụl

llapis
pensụl

maquineta de fer punta
nkọ pensụl

goma
rọba

bloc de dibuix
obosara ihe osise

dibuix

ihe osise

pinzell

ahịhịa agba

capsa de pintures

igbe agba

tisores

mkpa

cola

mmapa

quadern d'exercicis

akwụkwọ mmega

deures

ọrụ omume ulo

nombre

nọmba

afegir

tinye

sostreure

wepụ

multiplicar

ba uba

calcular

gbakọọ

lletra

ozi

alfabet

abiichii

mot

okwu

escola - ụlọ akwụkwọ

text
ederede

llegir
gụọ

guix
nzu

lliçó
ihe mmụta

llibre de classe
deba aha

examen
ule

certificat
asambodo

uniforme escolar
uwe ụlọ akwụkwọ

formació
agumakwukwo

enciclopèdia
akwụkwọ nkà ihe ọmụma

universitat
mahadum

microscopi
mikroskopu

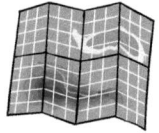
mapa
maapụ

paperera
nkata-ahihia

escola - ụlọ akwụkwọ

viatge
njem

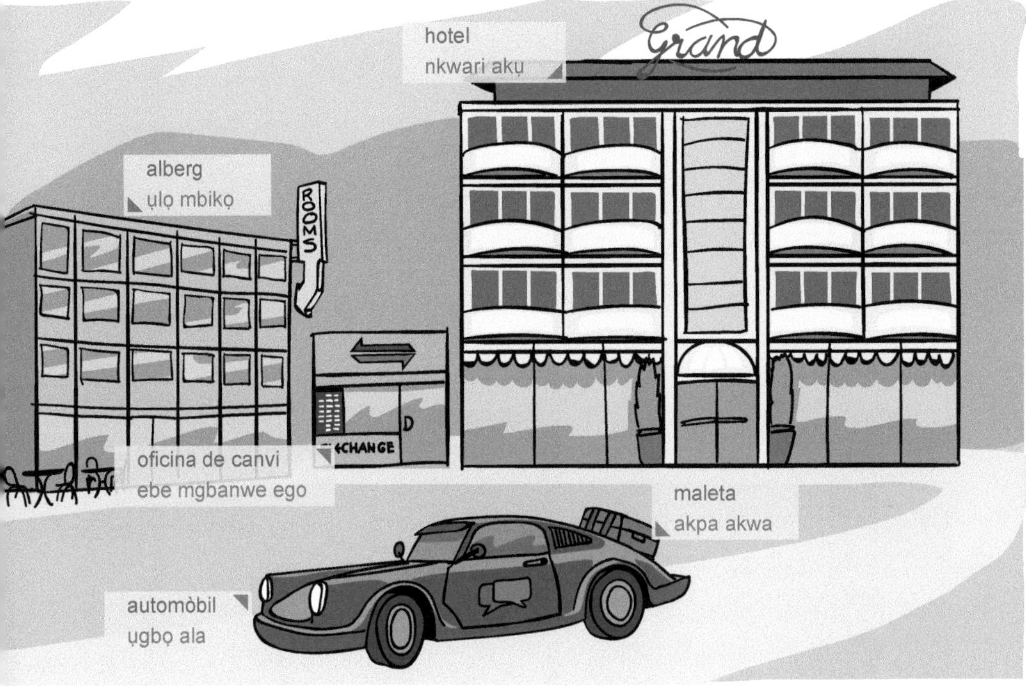

hotel
nkwari akụ
Grand
alberg
ụlọ mbikọ
ROOMS
oficina de canvi
ebe mgbanwe ego
maleta
akpa akwa
automòbil
ụgbọ ala

llengua

asụsụ

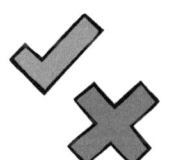

sí / no

ee / mba

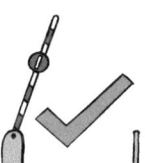

D'acord

Ọdịkwa mma

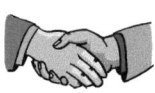

Ey!

nnọọ

traductora

onye ntughari

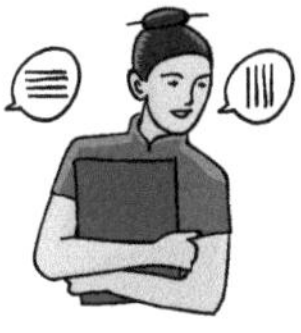

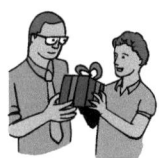

gràcies

Daalụ

Quant costa... ?
ego ole bụ...?

No entenc
Aghọtaghị m

problema
nsogbu

Bona nit!
Mgbede ọma!

bon dia!
Ụtụtụ ọma!

bona nit!
Ka chifoo!

fins aviat
ka ọ dị

direcció
ntụziaka

bagatge
ibu

bossa
akpa

sarrona
akpa azu

convidat
ọbịa

cambra
ime ụlọ

sac de dormir
akpa ụra

tenda
ụlọikwuu

oficina de turisme
ozi njem nleta

platja
osimiri

carta de crèdit
kaadį akwụmụgwọ

esmorzar
nri ụtụtụ

dinar
nri ehihie

sopar
nri abalị

bitllet
tiketi

ascensor
mbuli

segell
stampụ

frontera
ókè

duana
ndị kọstọm

ambaixada
ụlọ ọrụ nnọchite anya obodo

visat
visa

passaport
paspọtụ

viatge - njem

transport
njem

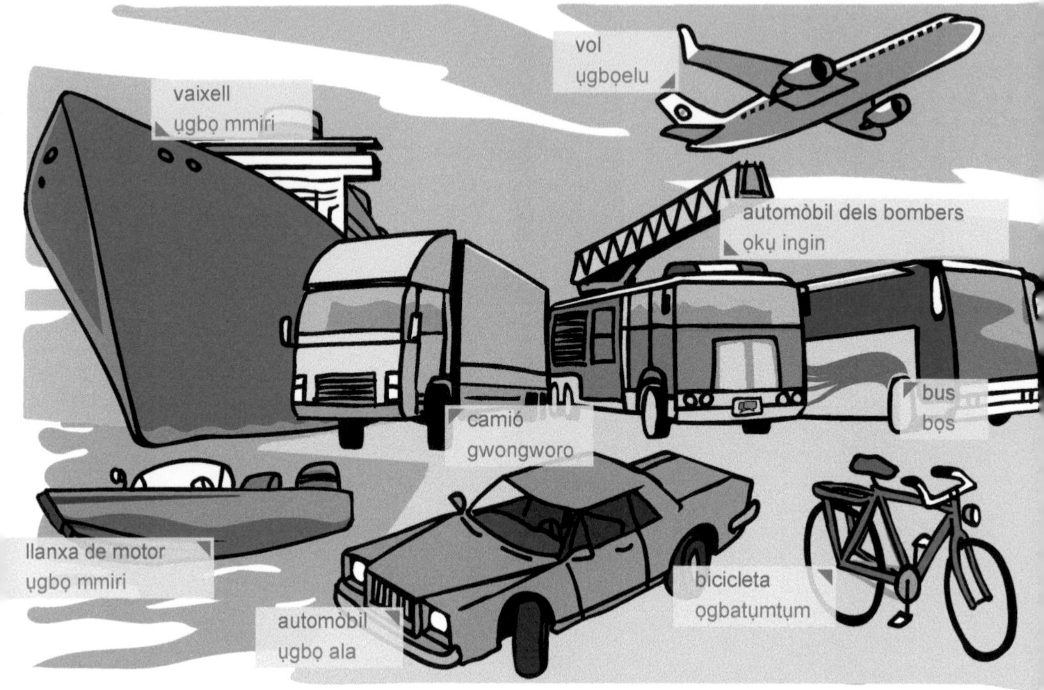

vol
ugboelu

vaixell
ugbo mmiri

automòbil dels bombers
oku ingin

bus
bos

camió
gwongworo

llanxa de motor
ugbo mmiri

bicicleta
ogbatumtum

automòbil
ugbo ala

transbordador

ugbo

barca

ugbo mmiri

moto

ogba tum tum

automòbil de policia

ugbo ala uwe ojii

automòbil de curses

ugbo ala na-agba oso

automòbil de lloguer

ugbo ala mgbazinye

vehicle compartit
nkekọrịta ụgbọ ala

grua
gwongworo

camió de les escombraries
ụgbọala ntufu ahihia

motor
moto

benzina
mmanụ ụgbọala

benzineria
ebe ana ere mmanu

senyal de trànsit
akara okporo ụzọ

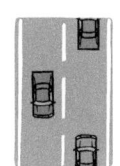
trànsit
okporo ụzọ

embús
mkpọchị okporo ụzọ

aparcament
odu ụgbọ ala

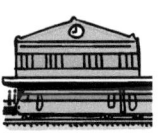
estació de trens
ọdụ ụgbọ oloko

vies
ụzọ

tren
ụgbọ oloko

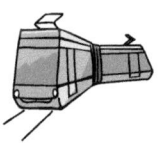
tramvia
ụgbọ oloko

vagó
ajụjụ

transport - njem

helicòpter
helikopta

aeroport
ọdụ ụgbọ elu

torre
ụlọ elu

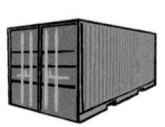

passatger
onye njem

contenidor
akpa

capsa de cartó
katọn

carretó
ụgbọ ibu

cistella
nkata

enlairar-se / aterrar
gbapụ / ala

ciutat
obodo

poble
obodo

centre de la ciutat
etiti obodo

casa
ụlọ

10 ciutat - obodo

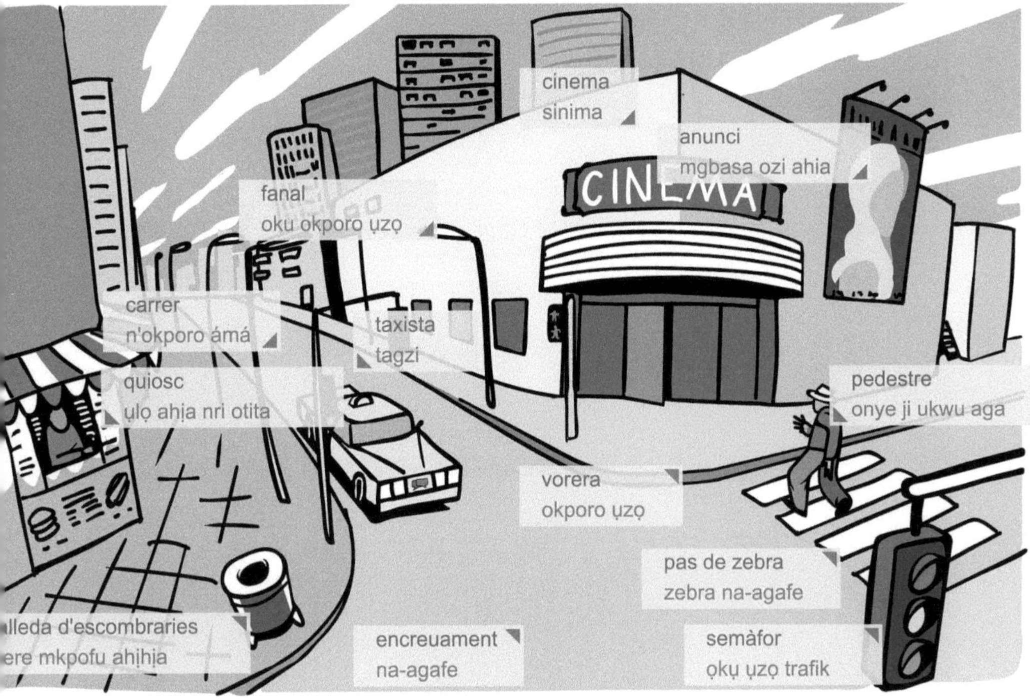

cinema
sinima

anunci
mgbasa ozi ahia

fanal
oku okporo uzo

carrer
n'okporo ámá

taxista
tagzi

quiosc
ụlọ ahịa nri otita

pedestre
onye ji ukwu aga

vorera
okporo uzo

pas de zebra
zebra na-agafe

lleda d'escombraries
ere mkpofu ahịhịa

encreuament
na-agafe

semàfor
ọkụ ụzọ trafik

cabana
obi

apartament
ohiha

estació de trens
ọdụ ụgbọ oloko

casa de la vila-ciutat
nnukwu ọnụ ụlọ obodo

museu
ihe ngosi nka

escola
ụlọ akwụkwọ

ciutat - obodo

universitat
mahadum

banca
ụlọ akụ

hospital
ụlọ ọgwụ

hotel
nkwari akụ

farmàcia
ahịa ọgwụ

oficina
ụlọ ọrụ

llibreria
ụlọ ahịa akwụkwọ

botiga
ụlọ ahịa

floristeria
onye ore fulawa

supermercat
ụlọ ahịa

mercat
ahịa

gran magatzem
ngalaba ụlọ ahịa

peixateria
onye azụ

centre comercial
ụlọ ahịa

port
ọdụ ụgbọ mmiri

parc
ogige

banc
oche

pont
akwa ngafe

escala
steepụ

metro
n'okpuruala

túnel
ọwara

parada d'autobús
ebe bọs na-akwụsị

bar
ụlọ mmanya

restaurant
ụlọ oriri na ọnụnụ

bústia de correu
igbe akwụkwọ ozi

senyal indicador
akara okporo ụzọ

parquímetre
igwe nnara ego ndọba ụgbọala

zoo
zuu

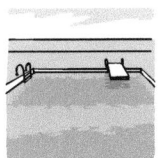

piscina
ebe igwu mmiri

mesquita
ụlọ alakụba

ciutat - obodo

granja	pol·lució	cementiri
ugbo	mmeto	ili

església	parc infantil	temple
ụlọ ụka	ama egwuregwu	ụlọnsọ

paisatge
odida obodo

- fulla — akwụkwọ nri
- cartell indicador — akara
- camí — ụzọ
- prat — ahịhịa
- pedra — nkume
- arbre — osisi
- excursionista — onye njem
- riu — osimiri
- gespa — ahịhịa
- flor — ifuru

paisatge - odida obodo

 vall ndagwurugwu	 muntanya ugwu	 llac ọdọ mmiri
 bosc ọhịa	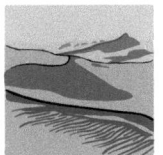 desert ọzara	 volcà ugwu mgbawa
 castell nnukwu ụlọ	 arc de Sant Martí eke mmiri	 bolet ero
 palmera nkwụ	 moscard anwụnta	 mosca ofufe
 formiga agbeshi	 abella aṅụ	 aranya ududo

paisatge - odida obodo

escarabat
ahụhụ

granota
awọ

esquirol
osa

eriçó
oke ọhịa

llebre
oke oyibo

òliba
ikwiikwii

ocell
nnụnụ

cigne
Agbanye

senglar
ezi ọhịa

cervo
mgbada

ant
anụ ọhịa

presa
ihe mgbochi mmiri

turbina
ikuku igwe

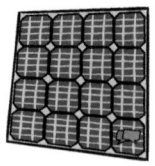

panell solar
igwe anwụ

clima
ihu igwe

paisatge - odida obodo

restaurant
ụlọ oriri na ọnụnụ

(Labels in illustration:)
- cambrer / onye na-ebu nri
- menú / ndeputa nri
- cadira / oche
- sopa / ofe
- pizza / pizza
- coberts / ngaji na nma
- tovalla / ákwà tebụl

primer plat

mbịdo

plat principal

isi nri

darreries

mmeju nri

begudes

ihe ọnụnụ

menjar

nri

ampolla

karama

restaurant - ụlọ oriri na ọnụnụ   17

menjar ràpid
nri ngwa ngwa

menjar de carrer
nri n'okporo ámá

tetera
ketulu tii

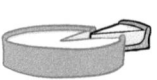

sucrer
nnukwu efere shuga

porció
òkè

màquina d'espresso
igwe kofi

trona
oche dị elu

factura
ụgwọ

plata
efere obosara

ganivet
nma

forqueta
ndụdụ

cullera
ngaji

cullereta
ngaji tii

tovalló
akwụkwọ oche

got
iko

restaurant - ụlọ oriri na ọnụnụ

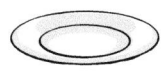
plat
efere

plat de sopa
efere ofe

plateret
efere ihendori

salsa
ihendori

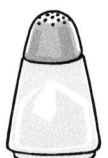
saler
ite nnu

molinet de pebre
igwe ose

vinagre
mmanya gbara ụka

oli
mmanụ

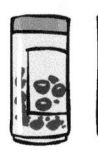
espècies
ngwa nri

quètxup
ihe ndori

mostassa
mọstad

maionesa
mayonezi

restaurant - ụlọ oriri na ọnụnụ

supermercat
ulọ ahịa

oferta especial
onyinye pụrụ iche

client
onye ahịa

productes lactis
mmiri ara ehi

fruites
mkpụrụ osisi

carret de la compra
ihe nyaghari

carnisseria

igbu anụ

forn de pa

onye ome achịcha

pesar

tụọ

verdures

akwụkwọ nri

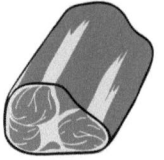

carn

anụ

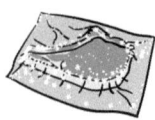

menjar congelat

nri oyi kpọnwụrụ

20   **supermercat - ụlọ ahịa**

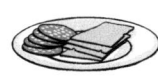

carn freda
anụ oyi

conserves
nri komkom

detergent en pols
ntụ ọsịsa

dolços
ihe ụtọ

articles domèstics
ngwaahịa ụlọ

productes de neteja
ngwaahịa nhicha

venedora
onye n'ere ahịa

caixa registradora
rue

caixera
onye okwu ugwo

llista de la compra
ndepụta izụ ahịa

horari d'obertura
awa mmepe

portamonedes
obere akpa

carta de crèdit
kaadị akwụmụgwọ

bossa
akpa

bossa de plàstic
akpa rọba

supermercat - ụlọ ahịa

begudes
ihe ọnụnụ

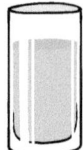

aigua
mmiri

suc
ihe ọnụọnụ

llet
mmiri ara

coca-cola
mmanya otobiri kooku

vi
mmanya

cervesa
biya

alcohol
mmanya na egbu egbu

cacau
koko

te
tii

cafè
kọfị

espresso
kofi

cappuccino
cappuccino

menjar
nri

banana
unere

poma
apụl

taronja
oroma

síndria
egwusi

llimona
oroma nkịrịsị

pastanaga
karọt

all
galiki

bambú
achara

ceba
yabasị

bolet
ero

avellanes
akụ

fideus
nri eriri

espaguetis	arròs	amanida
spaghetti	osikapa	nri ahihia

patates fregides	patates fregides	pizza
ibe	nduku eghere eghe	pizza

hamburguesa	entrepà	escalopa
achịcha	sanwichi	anụ

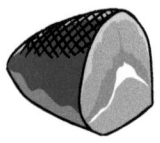

cuixot	salami	salsitxa
apata ụkwụ ezi	salami	sọseeji

pollastre	rostit	peix
ọkụkọ	ihunuoku	azụ

flocs de civada
nri ọka

musli
nri ututu

cereals
ọka

farina
ntụ ọka

croissant
achịcha

panet
mpịakọta achịcha

pa
achịcha

torrada
tost

bescuits
biskit

mantega
bọta

mató
achịcha

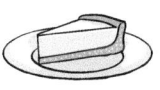

pastís
achịcha

ou
akwa

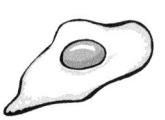

ou fregit
akwa eghere eghe

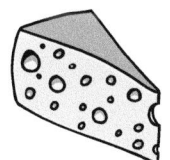

formatge
chiiz

menjar - nri

gelat
ihe nracha

sucre
shuga

mel
mmanụ añụ

melmelada
jam

crema de xocolata
gbasaa shuga

curri
kọrị

granja
ugbo

granja
ulo oru ubi

graner
n'oba

bala de palla
ahihia bale

camp
ubi

cavall
inyinya

remolc
ugboala na-adokpu ugbo

poltre
nwa ewu

tractor
trakto

ase
inyinya ibu

ovella
aturu

xai
nwa aturu

cabra

mkpi

vaca

ehi

vedella

nwa ehi

porc

ezi

garrí

nwa ezi

bou

ehi

granja - ugbo

oca
ọgazị

ànec
odoguma

poll
nwa okuko

gall
nne okuko

gallina
oke ọkpa

rata
oke

gat
pusi

ratolí
oke

bou
ehi

gos
nkịta

gossera
nkịta ụlọ

mànega de regar
paipu nhicha ogige

regadora
iko mgbara mmiri

dalla
scythe

arada
ịkọ

granja - ugbo

falç
mma ọhịa

aixada
ogu

forca
fọk ahihia

destral
anyu-ike

carretó
wiilbaro

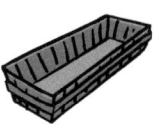

abeurador
ubi

lletera
komkom mmiri ara ehi

sac
akpa

tanca
ngere

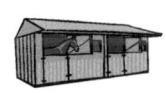

establa
ụlọanụ

hivernacle
ulo glaasi

sòl
ala

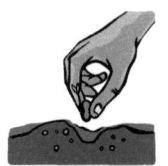

llavor
mkpụrụ

adob
fatịlaịza

collidora
njikọta ihe ubi

granja - ugbo

collir
owuwe ihe ubi

collita
owuwe ihe ubi

nyam
ji

blat
ọka wit

soja
soya

patata
nduku

blat de moro o d'indi
ọka

colza
mkpụrụ osisi

arbre fruiter
osisi mkpụrụ osisi

mandioca
akpu

cereals
nri ọka

granja - ugbo

casa
ụlọ

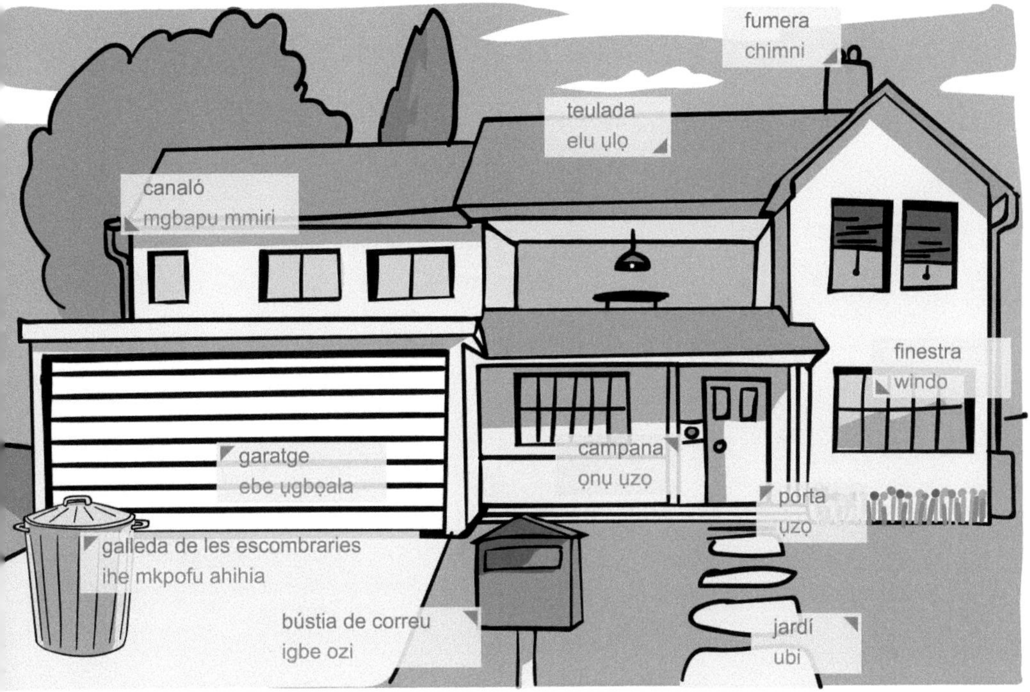

- fumera / chimni
- teulada / elu ụlọ
- canaló / mgbapu mmiri
- finestra / windo
- garatge / ebe ụgbọala
- campana / ọnụ ụzọ
- porta / ụzọ
- galleda de les escombraries / ihe mkpofu ahihia
- bústia de correu / igbe ozi
- jardí / ubi

sala d'estar
ime ụlọ ezumike

bany
ụlọ ịsa ahụ

cuina
usekwu

cambra de dormir
ime ụlọ

cambra de nen
ụlọ nwa

menjador
ime ụlọ erimeri

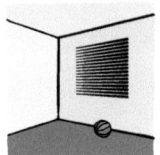

sòl
ala

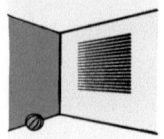

paret
mgbidi

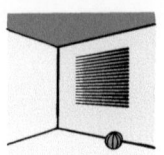

sostre
uko ụlọ

soterrani
okpuru ụlọ

sauna
sawụna

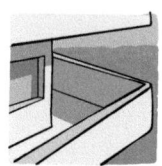

balcó
ihu mbara

terrassa
mbara ihu ulo

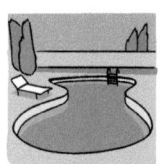

piscina
ọdọ mmiri

tallagespa
igwe eji asụ ahịhịa

vànova
mpempe akwụkwọ

cobrellit
ihe ndina akwa

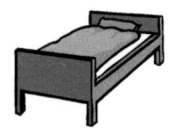

llit
akwa ndina

escombra
aziza

galleda
bọket

interruptor
mgba ọkụ

casa - ụlọ

sala d'estar
ime ulo ezumike

- paper de paret / akwukwo ahuaja
- quadre / foto
- làmpada / oriona
- prestatge / uko
- armari / kobod
- escalfapanxes / ekwú oku
- televisor / onyonyo
- flor / ifuru
- coixí / kwushin
- sofà / sofa
- gerro / ite
- telecomanda / ime njikwa

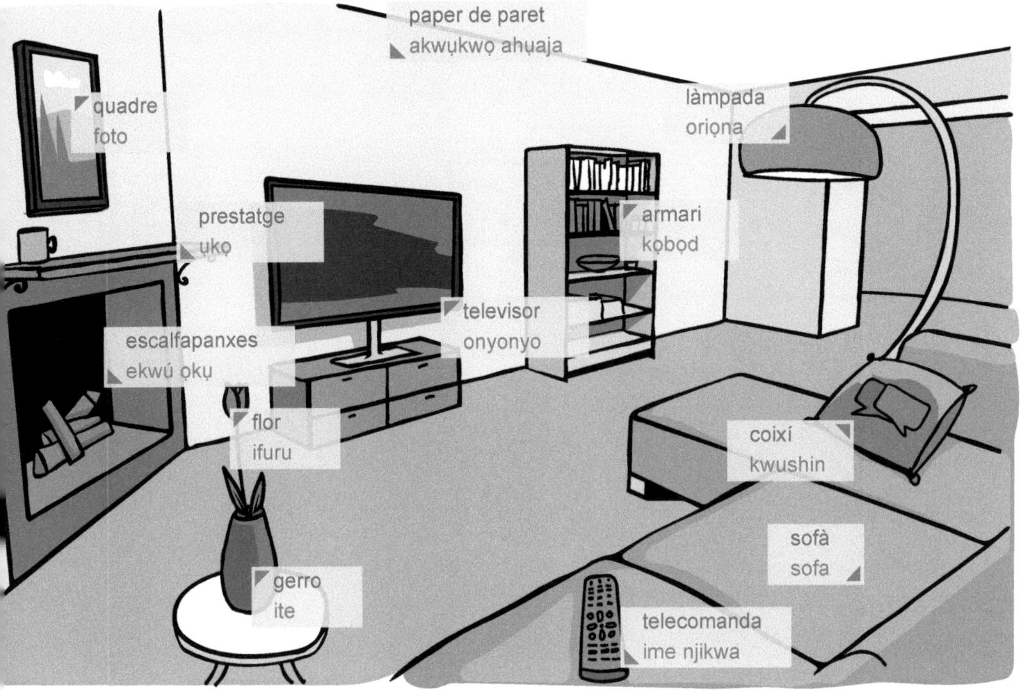

catifa
kapeeti

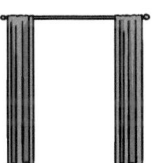

cortina
ákwà mgbochi

taula
tebul

cadira
oche

cadira gronxadora
mkpatu oche

cadiral
oche

llibre
akwụkwọ

llençol
akwa mkpuchi

decoració
ihe ochicho mma

llenya
nkụ

film
ihe nkiri

cadena de música
ngwa hi-fi

clau
igodo

diari
akwụkwọ akụkọ

pintura
eserese

cartell
posta

ràdio
redio

bloc de notes
akwụkwọ ozi

aspiradora
igwe nhicha ala

cactus
kaktus

candela
kandụl

sala d'estar - ime ụlọ ezumike

cuina
usekwu

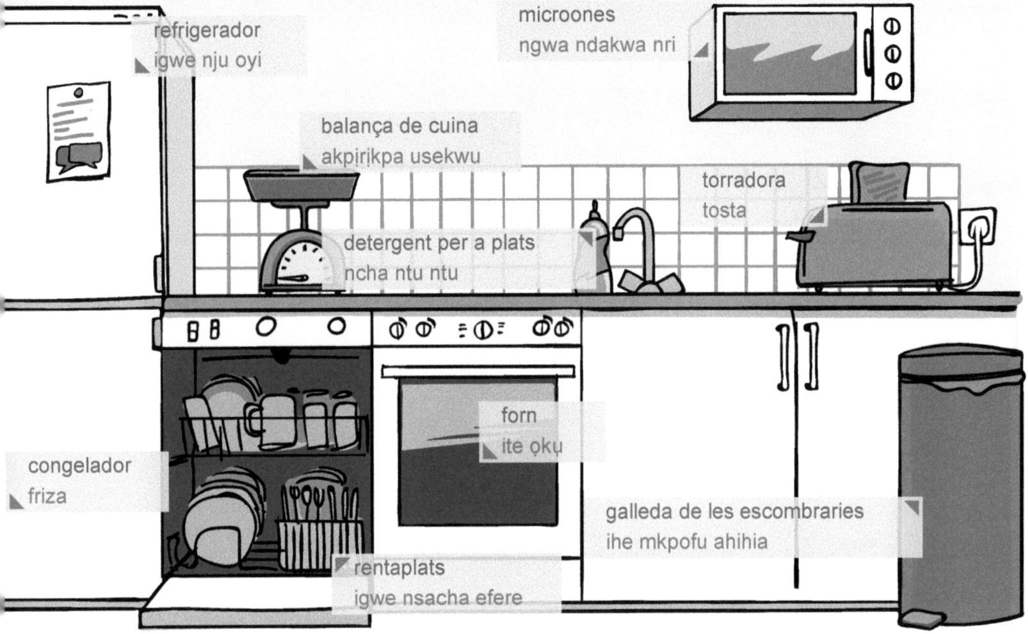

refrigerador
igwe nju oyi

microones
ngwa ndakwa nri

balança de cuina
akpirikpa usekwu

torradora
tosta

detergent per a plats
ncha ntu ntu

forn
ite oku

congelador
friza

galleda de les escombraries
ihe mkpofu ahihia

rentaplats
igwe nsacha efere

cuina de fogons
osi ite

olla
ite

olla de ferro colat
ite-igwe

wok / karahi
wok / kadai

paella
ite mmanu oku

bullidor
ketulu

olla de vapor
ụzọkụ

plata de forn
efere nri

vaixella
ite mmiri

tassa grossa
iko

bol
nnukwu efere

bastonets xinesos
osisi

culler
ngazi

espàtula
ngazi mmanụ ọkụ

batedor
ntụgharị

colador
nje

sedàs
nyọ

ratllador
nkwọ

morter
ikwe

barbacoa
anụ mmịkpọ

foc a terra
imeghe oku

cuina - usekwu

taula de tallar
boodu ncha ihe

corró
osisi mgbati

llevataps
ihe mmeghe mmanya

pot de conserva
komkom

obridor
ihe mmeghe komkom

agafador
ite njide

aigüera
efere nsacha

raspall
ihe nsa eze

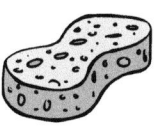

esponja
ogbo

batedora
nkwori

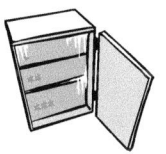

congelador
friza

biberó
karama nwa

aixeta
mkpopu mmiri

cuina - usekwu 37

bany
ụlọ ịsa ahụ

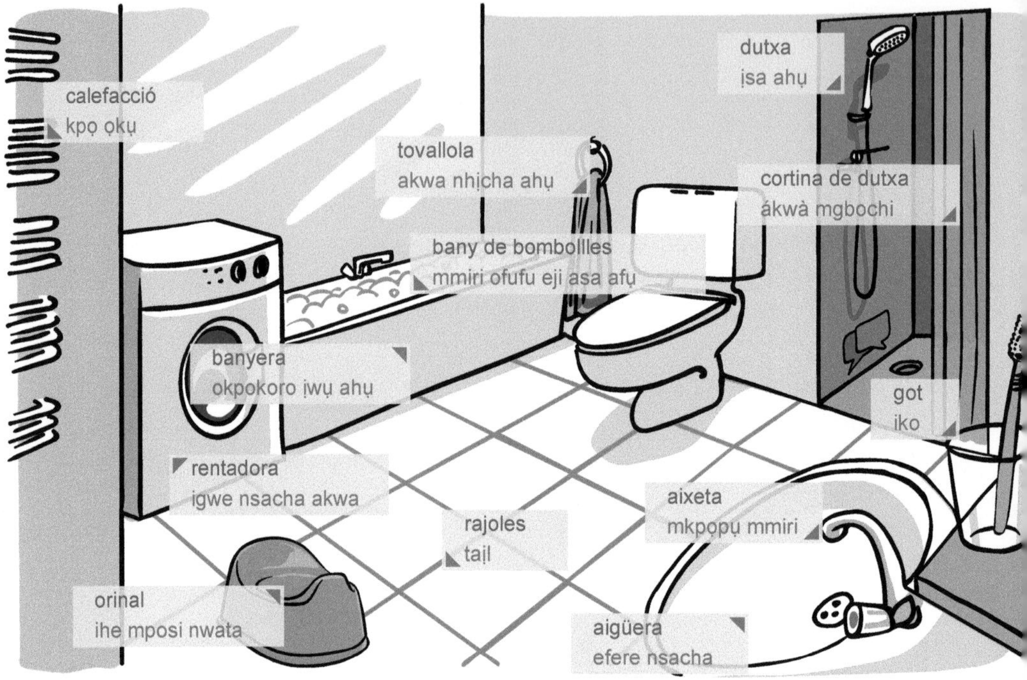

- calefacció / kpọ okụ
- dutxa / ịsa ahụ
- tovallola / akwa nhịcha ahụ
- bany de bombolles / mmiri ofufu eji asa afụ
- cortina de dutxa / àkwà mgbochi
- banyera / okpokoro iwu ahụ
- got / iko
- rentadora / igwe nsacha akwa
- rajoles / taịl
- aixeta / mkpopụ mmiri
- orinal / ihe mposi nwata
- aigüera / efere nsacha

lavabo
ụlọ mposi

lavabo turc
mposi squat

bidet
basin eji asa ebe nzuzo ahu

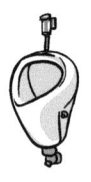

orinador
ebe inyu mmamịrị oha

paper higiènic
akwụkwọ mposi

escombreta de sanitari
ahihia ụlọ mposi

raspall de dents
brọsh

pasta de dents
ihe nhicha eze

fil dental
nhicha eze

rentar
saa

pom de dutxa
ịsa aka

dutxa íntima
isa mmiri showa

rentamans
nnukwu efere nsacha

raspall per a l'esquena
agba ahịhịa eji ete penti

sabó
ncha

gel de dutxa
ncha mmiri nsa ahu

xampú
ncha ntutu

manyopla de bany
uwe ajiajuru

bonera
mgbapu mmiri

crema
ude

desodorant
senti

bany - ụlọ ịsa ahụ

mirall
enyo

mirall-espill de mà
enyo aka

maquineta de rasar
rezo

espuma de barbejar
ụfụfụ ịkpụ afụ

loció post-rasada
mgbe emechara aji

pinta
mbo

raspall
ahịhịa

eixugador
okponku ntutu

laca
lhe mmiri ana agba na isi

maquillatge
ntecha

pintallavis
mmanụ ọnụ

esmalt d'ungles
ntecha mbọ aka

cotó
owu

tallaungles
mkpa mbọ aka

perfum
senti

bany - ụlọ ịsa ahụ

estoig de bellesa
akpa uwe

tamboret
oche

bàscula
erikpu

barnús
akwa towelu

guants de goma
gloovu roba

compresa higiènica
ihe mkpuchi obara ogbugbua

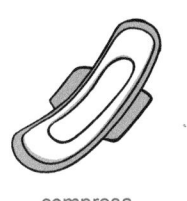
compresa
ihe mkpuchi nso nwanyi

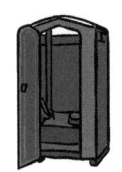
sanitari químic
ụlọ mposi

bany - ụlọ ịsa ahụ

cambra de nen

ụlọ nwa

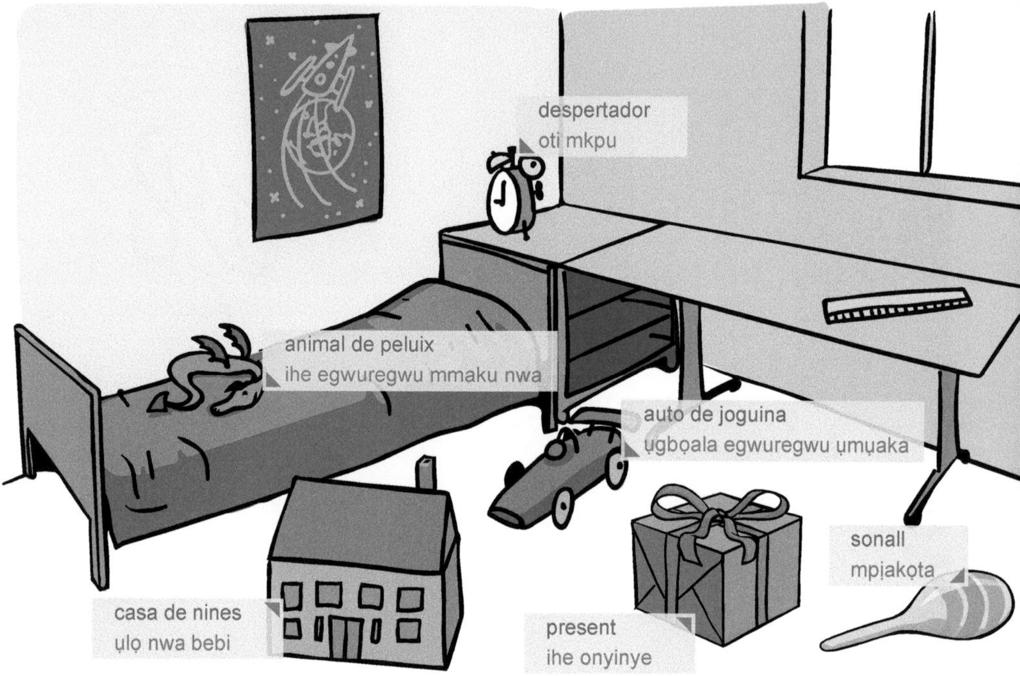

despertador
oti mkpu
animal de peluix
ihe egwuregwu mmaku nwa
auto de joguina
ụgbọala egwuregwu ụmụaka
sonall
mpịakọta
casa de nines
ụlọ nwa bebi
present
ihe onyinye

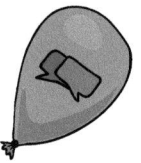

baló

balun

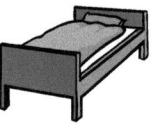

llit

akwa ndina

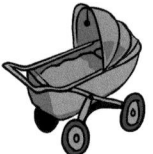

cotxet per a nens

ihe obu nwa

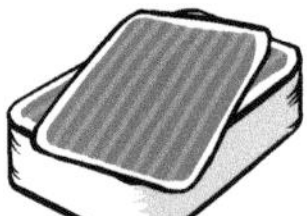

joc de cartes

oche kaadị

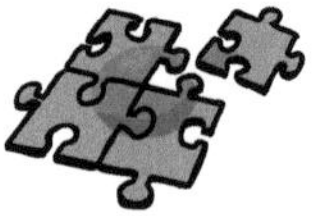

trencaclosca

egwuregwu mgbagwoju anya

SUPER
MEGA

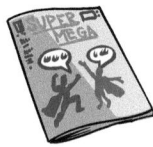

historieta

na-atọ ọchị

peces de lego
lego brik

peces de construcció
ihe owuwu ụlọ

ninot d'acció
ihe ngosi ọgụ

granota
utonwa

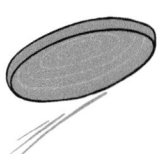

frisbee
ihe egwuregwu diski na efe efe

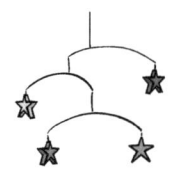

mòbil per a bressol
mbughari

joc de taula
bọọdụ egwuregwu

daus
dais

tren elèctric
nlereanya ụgbọ okporo ígwè

xumet
ihe oyiri mmadu eji egosi akwa

festa
otu

llibre de dibuixos
akwụkwọ foto

pilota
bọọlụ

nina
nwa bebi

jugar
kpọọ

cambra de nen - ụlọ nwa

sorrera
olulu aja

gronxador
janglova

joguines
ihe egwuregwu gasi

consola de jocs de vídeo
ihe egwuregwu vidiyo

tricicle
ogbatumtum

osset de peluix
ihe egwuregwu ụmụaka

armari
wodrobu

roba
uwe

mitjons
sọks

mitges
sọks

mitja pantaló
uwe ime ahu

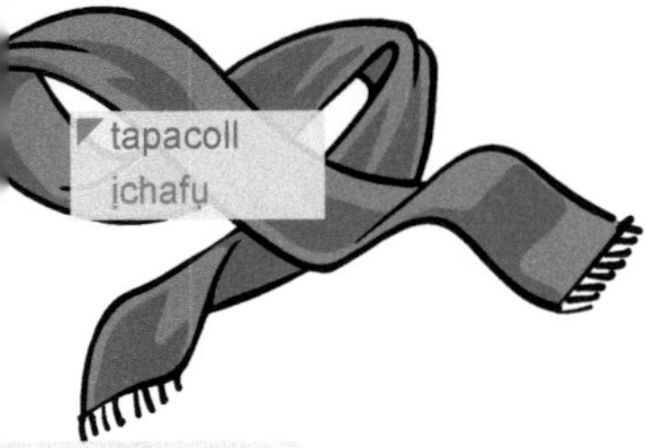

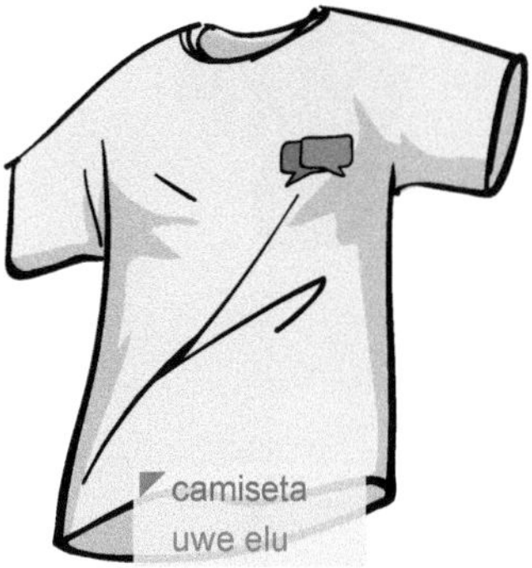

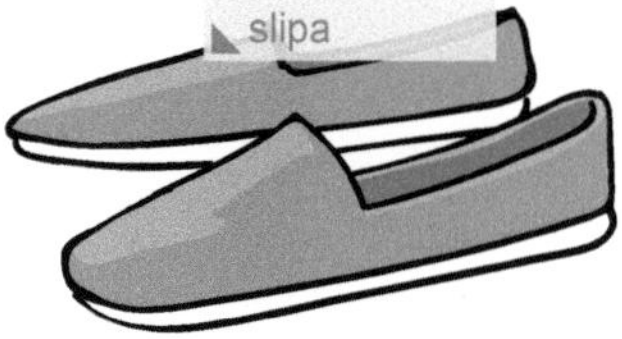

tapacoll
ichafu

paraigua
nche anwụ

camiseta
uwe elu

cintura
eriri ukwu

botes
akpụkpọ ụkwụ

plantofes
slipa

sabates d'esport
akpụkpọ ụkwụ njem

sandàlies
akpụkpọ ụkwụ

sabates
akpụkpọ ụkwụ

botes de goma
akpụkpọ ụkwụ roba

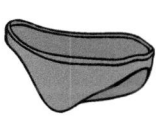

calçonets
uwe ime ahu

sostenidor
efe ara

guardapits
uwe na enweghi aka

roba - uwe

jjustacòs
ahụ

pantalons
traụza

jeans
trauza siri ike

faldeta
sket

brusa
uwe elu nwanyị

camisa
uwe elu

jersei
akwa njuoyi eji isi eyi

dessuadora
uwe njuoyi

blazer
jakeeti

jaqueta
jakeeti

mantell
ochu oyi uwe elu

impermeable
akwa mmiri

vestit de dona
ekike

vestit de dona
uwe ogologo

vestit de núvia
uwe agbamakwụkwọ

vestit d'home
uwe suutu

camisa de dormir
uwe abalị

pijama
pajamas

sari
uwe umunwanyi Indian

mocador de cap
mkpuchi isi

turbant
okpu

burca
akwa mkpuchi ihu

caftan
uwe ogologo nwanyi

abaia
abaya

vestit de bany
akwa mmiri

calçon(et)s de bany
uwe eji egwu mmiri

pantalons curts
nịịka

xandall
uwe mmega ahụ

davantal
uwe nchekwa

guants
uwe aka

roba - uwe

botó
botịnụ

ulleres
ugegbe anya

braçalet
mgbaaka

collaret
eriri olu

anell
mgbanaka

orellera
ola nti

casquet
okpu

penjador
ihe nkowe uwe elu

capell
okpu

corbata
tai

cremallera
nzichi

casc
okpu agha

elàstics
ihe njide eze

uniforme escolar
uwe ụlọ akwụkwọ

uniforme
mbonotu

roba - uwe

pitet

ọghọ nri nwa

xumet

ihe oyiri mmadu eji egosi akwa

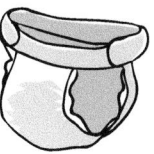

bolquer

akwa nwanye nwa

oficina
ụlọ ọrụ

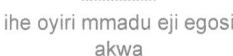

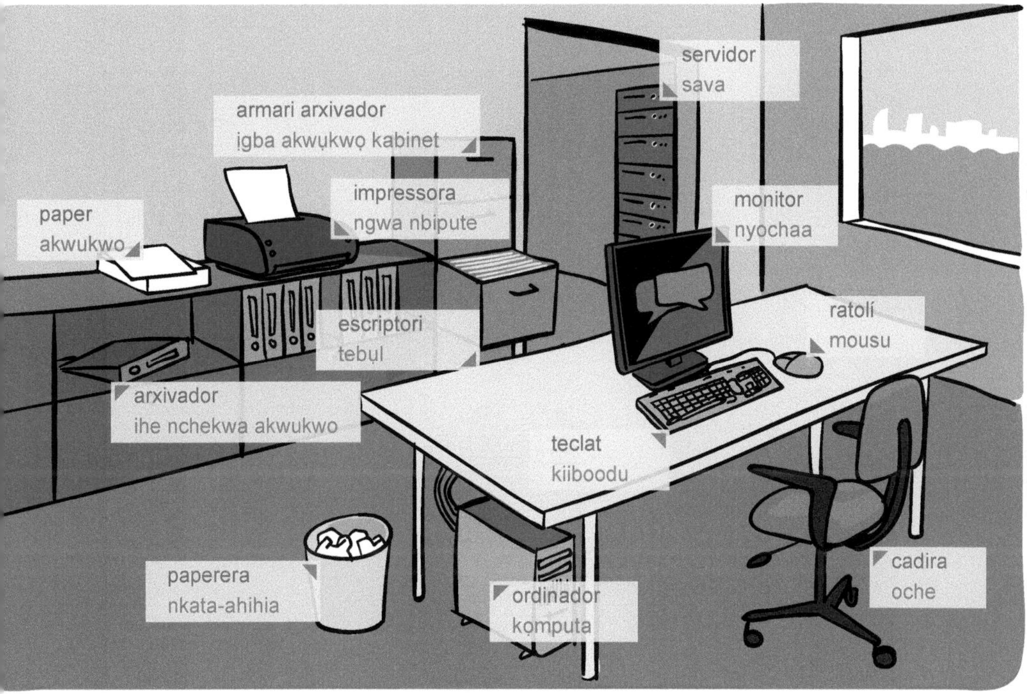

- servidor / sava
- armari arxivador / igba akwụkwọ kabinet
- impressora / ngwa nbipute
- monitor / nyochaa
- paper / akwukwo
- ratolí / mousu
- escriptori / tebụl
- arxivador / ihe nchekwa akwukwo
- teclat / kiiboodu
- paperera / nkata-ahihia
- ordinador / kọmputa
- cadira / oche

tassa de cafè

iko kọfị

calculadora

igwe mgbakọ

Internet

ịntaneti

ordinador portàtil
laptọọpụ

lletra
leta

missatge
ozi

mòbil
mkpanaka

xarxa
netwọk

fotocopiadora
ihe mbiputa

programari
ngwanrọ

telèfon
ekwentị

presa de corrent
ebe nkwụnye

fax
igwe fax

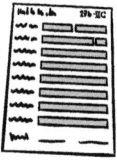
formulari
ụdị

document
akwụkwọ

oficina - ụlọ ọrụ

economia
akụnụba

comprar
zụta

pagar
kwuo ugwo

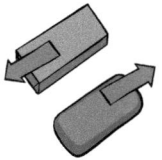
comerciar
ahia

diners
ego

dòlar
ego ndi Amerika

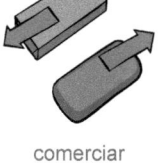
euro
ego ndi Eruopu

ien
ego ndi japanizi

ruble
ego ndi Rusian

franc suís
Switzerland franc

renminbi
renminbi yuan

rupia
ego ndi Indian

caixa automàtica
ebe akwụmụgwọ

economia - akụnụba 51

oficina de canvi
ebe mgbanwe ego

or
ọla edo

argent
ọlaọcha

petroli
mmanụ

energia
ume

preu
ọnụahịa

contracte
nkwekọrịta

impost
ụtụ

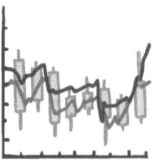
acció
ngwaahịa

treballar
ọrụ

treballador
onye ọrụ

empresari
onye were gị n'ọrụ

fàbrica
ụlọ ọrụ mmepụta ngwahịa

botiga
ụlọ ahịa

economia - akụnụba

oficis
aka ọrụ

oficial de policia
onye uwe ojii

bomber
onye mmenyu ọku

pilot
ọkwọ ụgbọelu

cuiner
esi nri

doctora
dibia bekee

jardiner
onye na-elekọta ubi

fuster
ọkwa nkà

costurera
akwa nwanyị

jutge
ọka ikpe

química
kemist

actor
onye ome ihe nkiri

conductor d'autobús
ọkwọ ụgbọ ala

taxista
ọkwọ ụgbọ ala

pescador
onye ọkụ azụ

dona de la neteja
nwanyị nhicha

ensostrador
roofer

cambrer
onye na-ebu nri

caçador
dinta

pintor
onye na-ese ihe

forner
onye osi ite

electricista
onye ndozi ọkụ eletrik

obrer de la construcció
onye na-ewu ụlọ

enginyer
njinia

carnisser
onye na-egbu anụ

llanterner
plọmba

correu
onye ozi

oficis - aka ọrụ

soldat
onye agha

arquitecte
onye na-ese ụkpụrụ ụlọ

caixera
onye okwu ugwo

florista
ore fulawa

perruquer
onye na-edozi ntutu isi

revisor
kondokto

mecànic
onye n'arụzi ụgbọala

capità
onyeisi

dentista
dibia bekee eze

científic
ọkà mmụta sayensị

rabí
rabaị

imam
imam

monjo
mọnk

capellà
ụkọchukwu

oficis - aka ọrụ   55

eines
ngwaọrụ

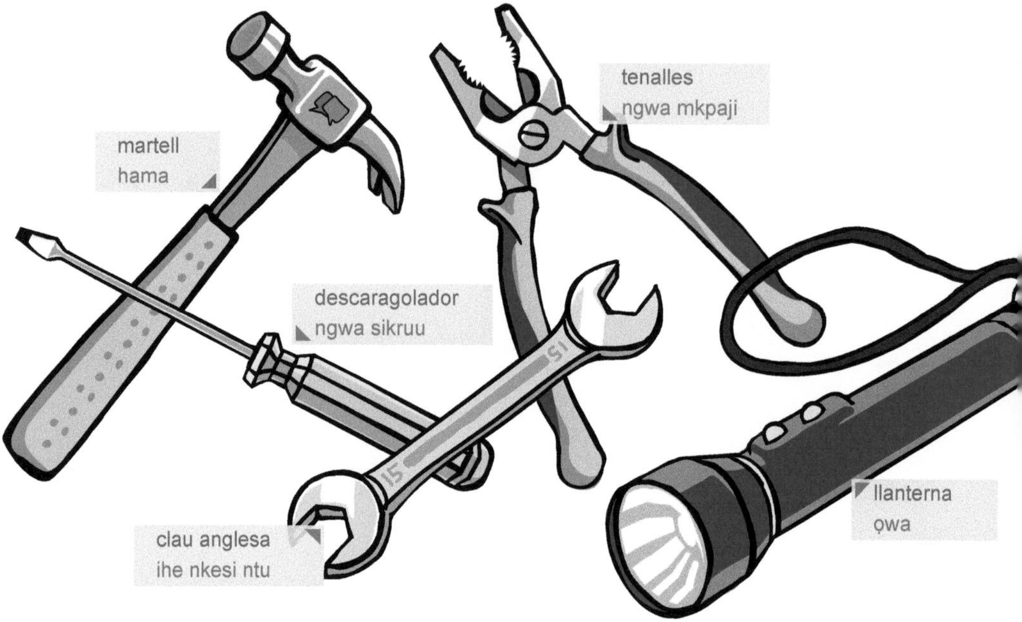

martell
hama

tenalles
ngwa mkpaji

descaragolador
ngwa sikruu

clau anglesa
ihe nkesi ntu

llanterna
ọwa

excavadora

igwu ala

caixa d'eines

igbe ngwaọrụ

escala

ubube

serra

nkwọ

claus

mbọ

trepant

igwe mkpọpu

reparar
mezie

pala
ihe eji egwu ala

Maleït siga!
Ụchụ!

pala
efere ájá

pot de pintura
ite agba

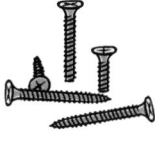
caragols
ntu

instrument de música
ngwa egwu

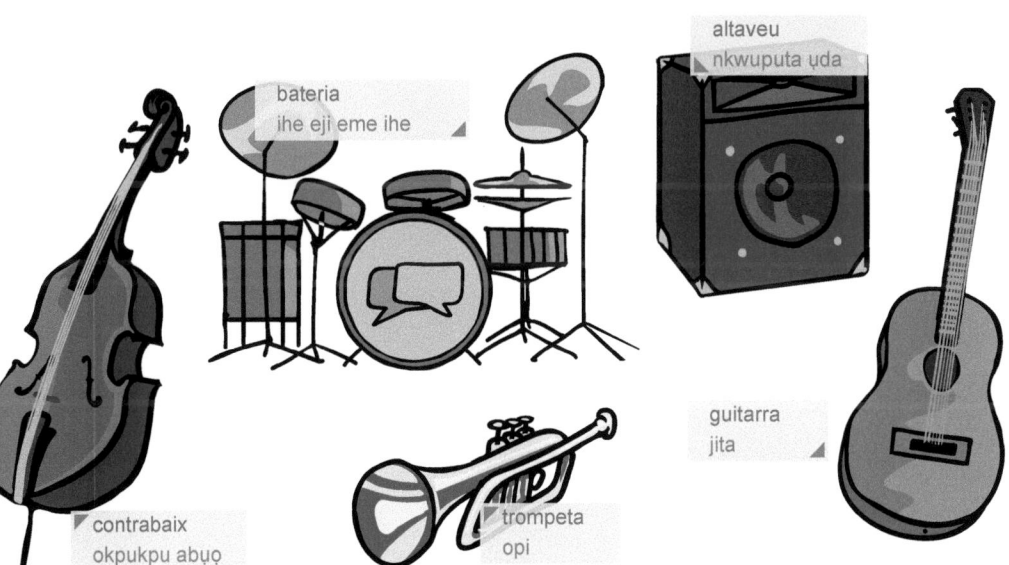

altaveu
nkwuputa ụda

bateria
ihe eji eme ihe

contrabaix
okpukpu abụọ

trompeta
opi

guitarra
jita

piano	violí	baix
kiibọọdụ	violin	bass

timbal	tambor	teclat
timpani	igba	kiibọọdụ

saxofon	flauta	micròfon
sasofone	ọjà	igwe okwu

instrument de música - ngwa egwu

zoo
zuu

entrada
ụzọ mbata

tigre
agụ

gàbia
onu

zebra
ịnyịnya ọhịa

aliment per a animals
nri anụmanụ

ós panda
panda

animals
anụmanụ

elefant
enyi

cangurú
kangaruu

rinoceront
rhino

goril·la
ozodimgba

ós
anụ ọhịa

camell
kamel

estruç
enyí nnụnụ

lleó
ọdụm

simi
enwe

flamenc
flamingo

papagai
icheku

ós polar
anụ ọhịa

pingüí
nnunu mmiri

ca mari
akụm

paó
ekwuru ụlọ

serp
agwo

cocodril
agụ iyi

guardià del zoo
onye na-elekọta zuu

foca
mechie

jaguar
agu

zoo - zuu

poni
inyinya

lleopard
agụ owuru

hipopòtam
anụ ọhịa

girafa
girraaf

àliga
ugo

senglar
ezi ọhịa

peix
azụ

tortuga
mbe

morsa
anụ mmiri

guineu
nkịta ọhịa

gasela
mgbada

zoo - zuu

esports
egwuregwu

futbol americà
Egwuregwu boolu America

ciclisme
ịgba ígwè

tenis
tenis

bàsquet
bọl nkata

natació
igwu mmiri

boxa
ịkụ ọkpọ

hoquei sobre gel
hockey akpụrụ mmiri

futbol americà
boọlụ

bàdminton
badminton

atletisme
egwuregwu

handbol
bọl aka

esquí
egwuregwu ski

polo
egwuregwu ịnyịnya

esports - egwuregwu

activitats
ihe omume

- saltar / malie elu
- riure / chia ochi
- abraçar / mmaku
- anar / jee ije
- cantar / buo
- pregar / kpee ekpere
- fer un petó / isusu onu
- somiar / nrọ

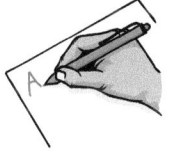
escriure
dee

dibuixar
see

mostrar
gosi

pitjar
kwaa

donar
nye

prendre
nara

tenir
nwee

fer
mee

ésser
ịbụ

estar dret
guzoro

córrer
gbaa ọsọ

estirar
dọọ

llançar
tufuo

caure
daa

jeure
ụgha

esperar
chere

portar
buru

asseure's
nọdụ ala

vestir-se
yi uwe

dormir
hie ụra

despertar-se
kulie

activitats - ihe omume

mirar
lee anya

plorar
tie mkpu

amoixar
ọrịa strok

pentinar
mbo

parlar
kwuo

comprendre
ighọta

demanar
jụọ

escoltar
gee ntị

beure
ihe ọnụnụ

menjar
rie

endreçar
dozie

estimar
ịhụnanya

cuinar
isi nri

conduir
kwọọ

volar
ofufe

activitats - ihe omume

navegar
ụgbọ

calcular
gbakọọ

llegir
gụọ

aprendre
na-amụta

treballar
ọrụ

casar-se
lụọ

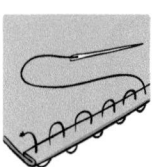
cosir
idu

raspallar-se les dents
ahịhịa ezé

matar
gbue

fumar
anwụrụ ọkụ

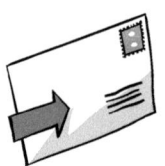
enviar
zipu

activitats - ihe omume

família
ezinụlọ

àvia — nne nne
avi — nna nna
pare — nna
mare — nne
nadó — nwa
filla — nwa nwanyị
fill — nwa nwoke

convidat
ọbịa

tia
nwanne nne/nna

oncle
nwanne nna/nne

germà
nwanne

germana
nwanne

família - ezinụlọ

cos
ahụ

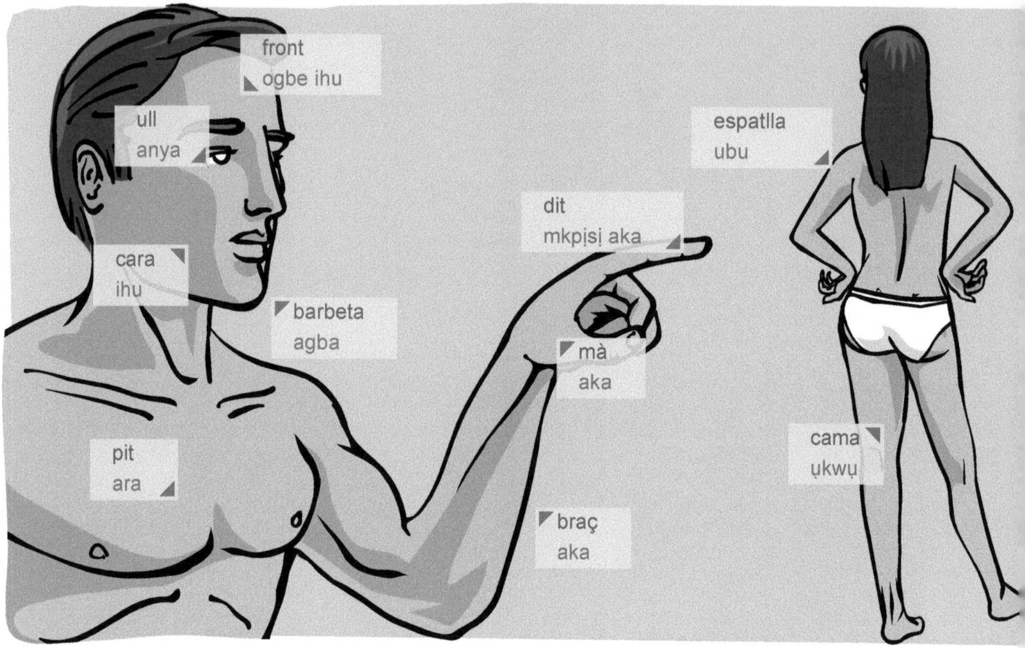

front
ogbe ihu

ull
anya

espatlla
ubu

dit
mkpịsị aka

cara
ihu

barbeta
agba

mà
aka

pit
ara

cama
ụkwụ

braç
aka

nadó
nwa

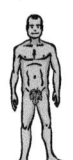

home
nwoke

dona
nwanyị

noia
nwa nwanyị

noi
nwa nwoke

cap
ịsị

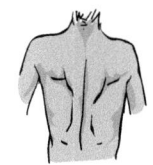

esquena
azu

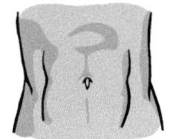

panxa
afọ

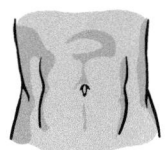

melic
otubo

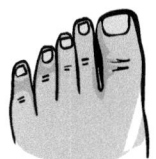

dit gros del peu
mkpisi ukwu

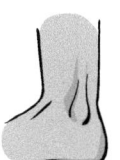

taló
ikiri ụkwụ

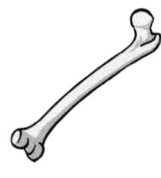

os
ọkpụkpụ

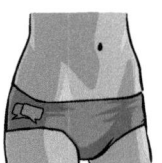

maluc
ukwu

genoll
ikpere

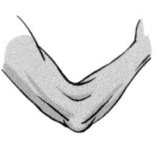

colze
ikpere aka

nas
imi

cul
ike

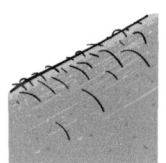

pell
akpụ kpọ ahụ

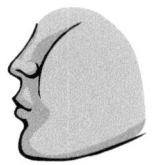

galta
nti

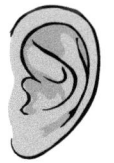

orella
ntị

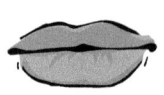

llavi
egbugbere ọnụ

boca
ọnụ

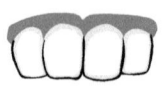

dent
eze

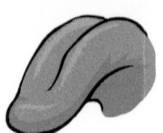

llengua
ire

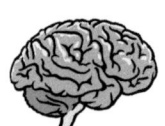

cervell
ụbụrụ

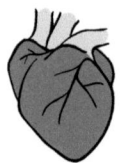

cor
mkpụrụ obi

múscul
akwara

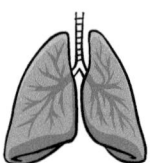

pulmó
akpa ume

fetge
umeji

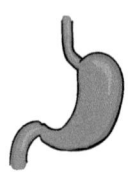

estómac
afọ

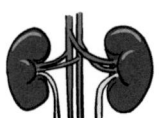

ronyó
akụrụ

relació sexual
mmekọahụ

preservatiu
kondom

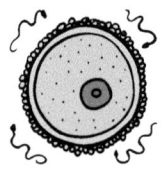

ovari
akwa nwanyị

semen
ọbara ọcha

prenyat
afọ ịme

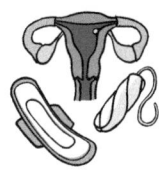
menstruació
nsọ nwanyị

vagina
ọtụ

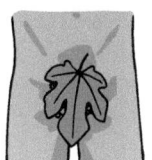
penis
amụ

cella
nku anya

cabells
ntutu

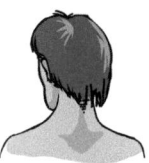
coll
olu

cos - ahụ

hospital
ụlọ ọgwụ

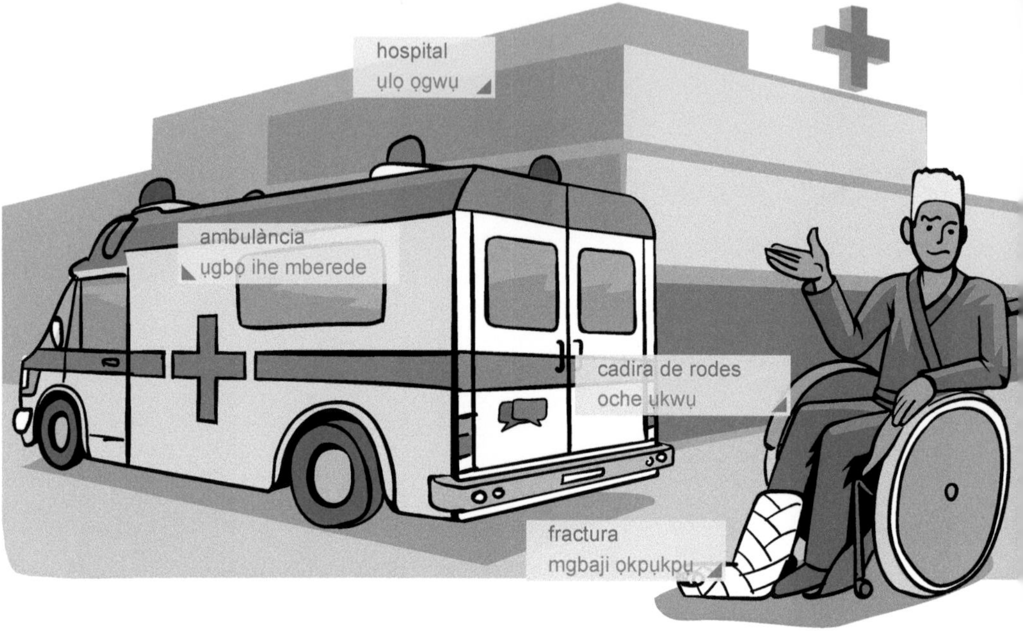

- hospital — ụlọ ọgwụ
- ambulància — ụgbọ ihe mberede
- cadira de rodes — oche ụkwụ
- fractura — mgbaji ọkpụkpụ

doctora
dibia bekee

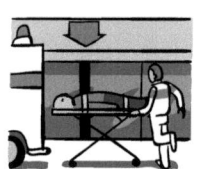

sala d'urgències
ụlọ mberede

infermera
nọọsụ

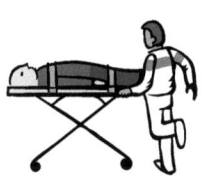

urgència
mberede

inconscient
amaghị ihe ọ bụla

dolor
ụfụ

ferida
mmerụ ahụ

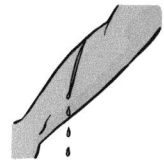

sagnament
agba ọbara

atac de cor
obi nkolopu

apoplexia
ọrịa strok

al·lèrgia
nke ahu anataghi

tos
ụkwara

febre
ahụ ọkụ

gripa
ọrịa flu

diarrea
afọ ọsịsa

mal de cap
isi ọwụwa

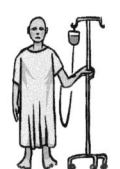

càncer
kansa

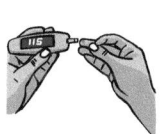

diabetis
ọrịa shuga

cirurgià
dọkịta na-awa ahu

escalpel
mma eji awa ahụ

operació
ịwa ahụ

hospital - ụlọ ọgwụ

tomografia computada (TC), TAC
CT

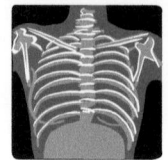

raigs x
x-ree

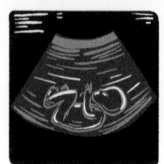

ultrasò
nyocha ime ahu

mascareta
nkpuchi ihu

malaltia
oria

sala d'espera
ebe nchekwa

crossa
mkpara

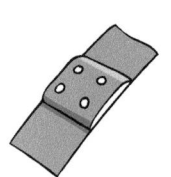

tireta
nnyachi

embenat
bandeeji

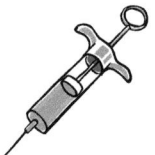

injecció
ogwu ogbugba

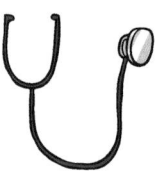

estetoscopi
stetoskop

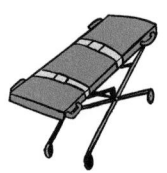

llitera
Igwe eji ibu mmadu

termòmetre clínic
temometa ulogwu

pariment
omumu

sobrepès
ibufe oke ibu

hospital - ulo ogwu

aparell auditiu

enyemaka ịnụ ihe

desinfectant

mmiri ọgwụ nje

infecció

ọrịa nje

virus

nje

VIH / SIDA

Ọrịa HIV/AIDS

medicina

ọgwụ

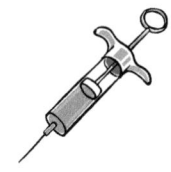

vaccí

ịgba ọgwụ mgbochi ọrịa

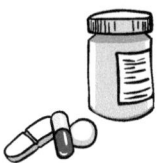

comprimits

mkpụrụ ọgwụ

píl·lola

mkpụrụ ọgwụ

trucada d'urgència

oku mberede

tensiòmetre

nyochaa ọbara mgbali

malalt / sà

na-arịa ọrịa / ahụike

hospital - ụlọ ọgwụ

urgència
mberede

Socors! / Nyerem aka!

alarma / oti mkpu

assalt / wakpo

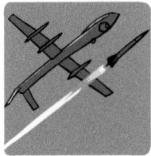

atac / ọgụ

perill / ihe egwu

sortida-eixida d'urgència / ụzọ ọpụpụ mberede

Foc! / Ọkụ!

extintor / mmenyu ọkụ

accident / ọghọm

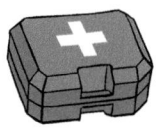

farmaciola de primers auxilis / akpa enyemaka mbụ

SOS / SOS

policia / ndị uwe ojii

terra
Ụwa

Europa
Europe

Amèrica del Nord
North Amerika

Amèrica del Sud
South Amerika

Àfrica
Africa

Àsia
Eshia

Austràlia
Ọstrelia

Atlàntic
Atlantic

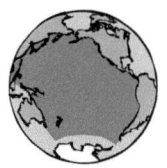

Pacífic
Pasifik

Oceà Índic
Oke Osimiri Indian

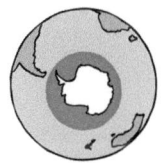

Oceà Antàrtic
Oke Osimiri Antarctic

Oceà Àrtic
Oke Osimiri Arctic

pol nord
Ebe Ugwu

pol sud — Antàrtida — terra
Ebe Ọdịda anyanwu — Antarctica — Ụwa

  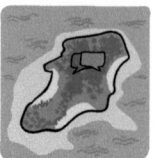

país — mar — illa
ala — oké osimiri — agwaetiti

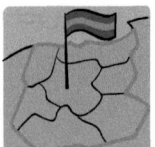 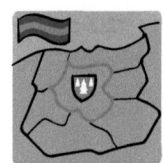

nació — estat
mba — steeti

rellotge
elekere

quadrant
ihu elekere

agulla de les hores
aka awa

agulla dels minuts
aka nkeji

agulla dels segons
ihe ejigoro

Quina hora és?
Kedu ihe na-akụ?

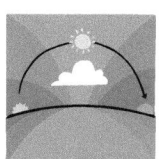

dia
ụbọchị

temps
oge

ara
ugbu a

rellotge digital
elekere dijitalụ

minut
nkeji

hora
awa

setmana
izu

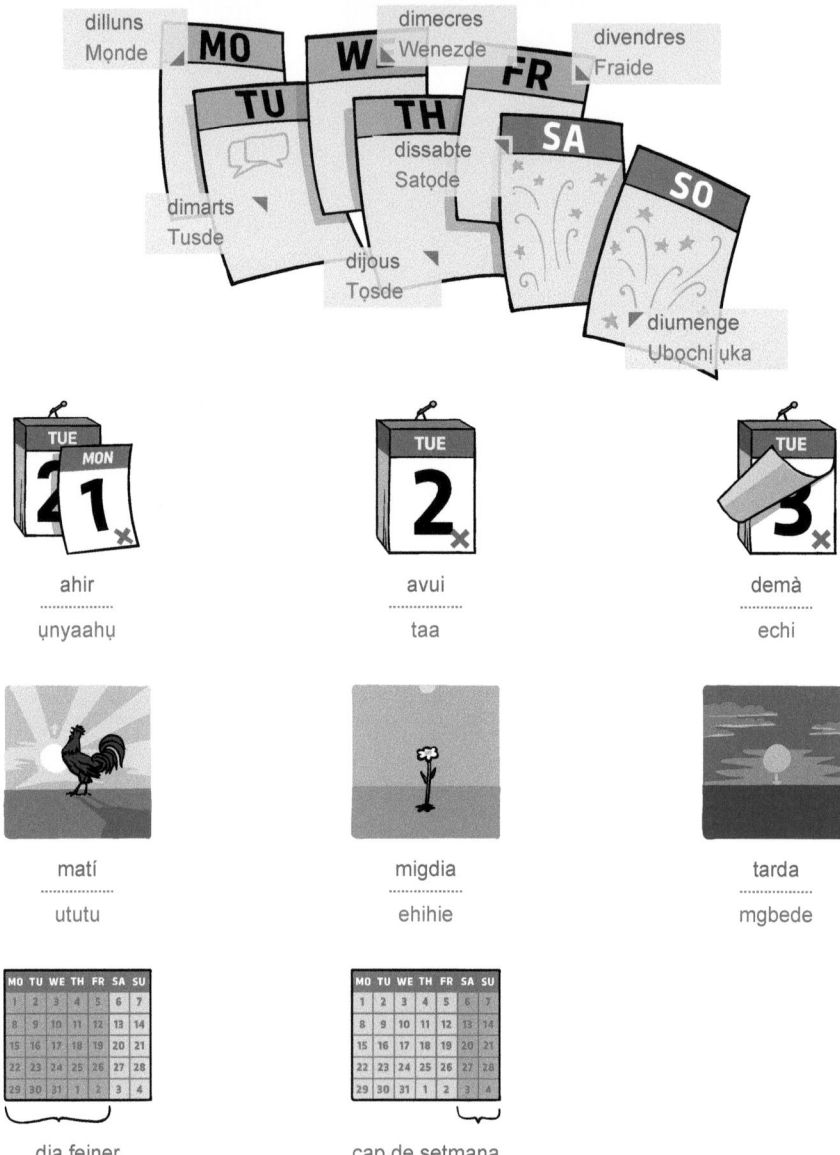

dilluns / Mọnde — MO
dimarts / Tusde — TU
dimecres / Wenezde — W
dijous / Tọsde — TH
divendres / Fraide — FR
dissabte / Satọde — SA
diumenge / Ụbọchị ụka — SO

ahir
ụnyaahụ

avui
taa

demà
echi

matí
ututu

migdia
ehihie

tarda
mgbede

dia feiner
ụbọchị azụmahịa

cap de setmana
izu ụka

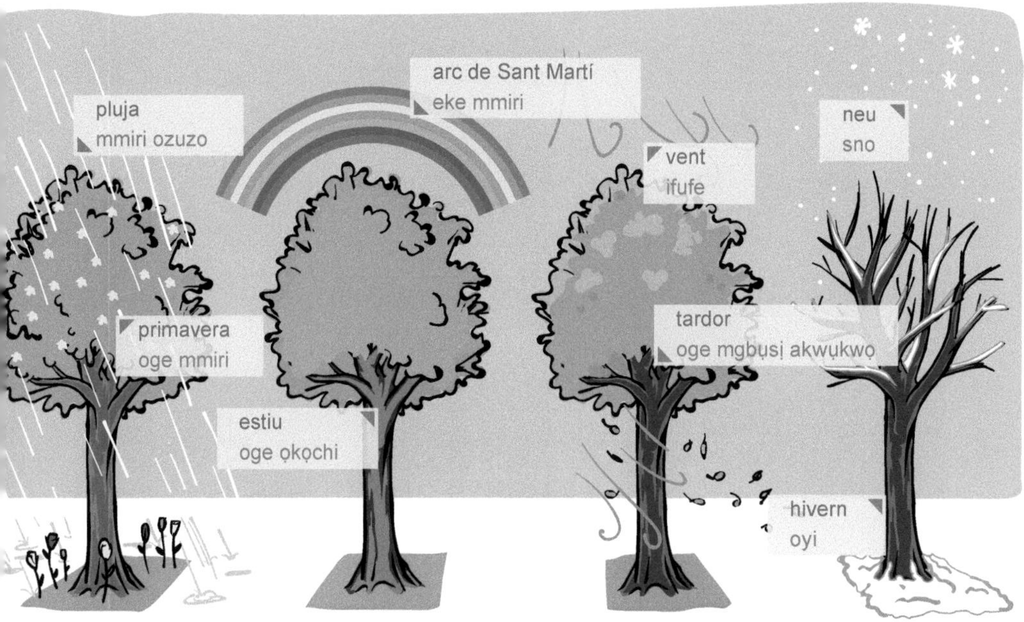

any
afọ

pluja
mmiri ozuzo

arc de Sant Martí
eke mmiri

vent
ifufe

neu
sno

primavera
oge mmiri

estiu
oge ọkọchi

tardor
oge mgbụsị akwụkwọ

hivern
oyi

pronòstic del temps
amụma ihu igwe

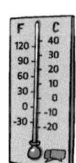

termòmetre
temometa

llum del sol
anwụ

núvol
igwe ojii

boira
foogu

humiditat de l'aire
iru mmiri

any - afọ

llamp
àmụmà

tro
égbè eluigwe

tempesta
oké mmiri ozuzo

calamarsa
aki mmiri

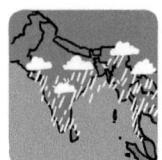

monsó
udu mmiri

inundació
ide mmiri

gel
aiz

gener
Jenụwarị

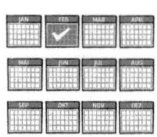

febrer
Febụwarị

març
Machị

abril
Eprel

maig
Mee

juny
June

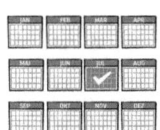

juliol
Julaị

agost
Ọgọst

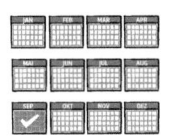
setembre
Septemba

octubre
Ọktọba

novembre
Nọvemba

desembre
Disemba

formes
ụdị

cercle
okirikiri

quadrat
akuku anọ

rectangle
rektangulu

triangle
akuku atọ

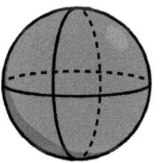
esfera
okirikiri

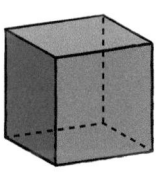
cub
igbe

colors
na agba

blanc
acha ọcha

groc
acha edo edo

taronja
acha oroma

rosa
acha pink

vermell
acha uhie uhie

lila
acha odo odo

blau
acha anụnụ anụnụ

verd
acha akwụkwọ ndụ

marró
acha aja aja

gris
acha isi awọ

negre
eji oji

oposats
mmegide

molt / poc
otutu / ntakịrị

emprenyat / tranquil
iwe / juụ

bonic / lleig
mara mma / jọrọ njọ

començament / fi
mbido / njedebe

gran / petit
nnukwu / obere

clar / fosc
na-enwu / ọchịchịrị

germà / germana
nwanne nwoke / nwanne nwanyị

net / brut
dị ọcha / unyi

complet / incomplet
mezue / ezughi ezu

dia / nit
ụbọchị / abalị

mort / viu
nwụrụ anwụ / dị ndụ

ample / estret
obosara / warara

comestible / immenjable

oriri / erighị

dolent / amable

ọjọọ / obiọma

entusiasmat / entediat

obi ụtọ / nkịtị gwụrụ

gros / prim

abụba / mkpa

primer / darrer

mbụ / ikpeazụ

amic / enemic

enyị / iro

ple / buit

juru eju / efu

dur / tou

ike / adụ

pesant / lleuger

arọ / mfe

gana / set

agụụ / akpịrị ịkpọ nkụ

malalt / sà

na-arịa ọrịa / ahụike

il·legal / legal

n'uzo na ezighi ezi / iwu

intel·ligent / ximple

onye nwere ọgụgụ isi / onye nzuzu

esquerra / dreta

aka ekpe / aka nri

prop / llunyà

dị nso / tere anya

nou / usat
ọhụrụ / jiri

res / quelcom
enweghi ihe / enwere ihe

vell / jove
agadi / nwata

encès / apagat
gbanye / gbanyụọ

obert / tancat
mepe / mechie

silenciós / sorollós
jụụ / dara ụda

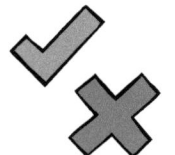

ric / pobre
ọgaranya / ogbenye

correcte / incorrecte
ziei ezi / ezighi ezi

aspre / suau
siri ike / larịị

trist / content
mwute / obi ụtọ

curt / llarg
mkpụmkpụ / ogologo

lent / ràpid
nwayọọ / ngwa ngwa

humit / sec - eixut
dị mmiri / kpọrọ nkụ

calent / fred
na-ekpo ọkụ / dị jụụ

guerra / pau
agha / udo

oposats - mmegide

nombres
nọmba

0 zero / efu

1 u / otu

2 dos / abụọ

3 tres / atọ

4 quatre / anọ

5 cinc / ise

6 sis / isii

7 set / asaa

8 vuit / asatọ

9 nou / itolu

10 deu / iri

11 onze / iri na otu

12
dotze
iri na abụọ

13
tretze
iri na atọ

14
catorze
iri na anọ

15
quinze
iri na ise

16
setze
iri na isii

17
disset
iri na asaa

18
divuit
iri na asatọ

19
dinou
iri na itoolu

20
vint
iri abụọ

100
cent
narị

1.000
mil
puku

1.000.000
milió
nde

llengües
asụsụ

anglès

Bekee

anglès americà

Asụsụ Bekee

xinès mandarí

Asụsụ ndị China

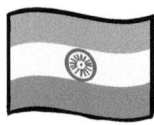

hindi

Asụsụ ndị Hindi

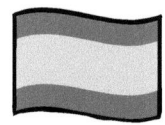

espanyol

Asụsụ ndị Spain

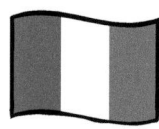

francès

Asụsụ ndị France

àrab

Asụsụ ndị Arab

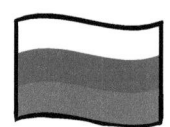

rus

Asụsụ ndị Russia

portuguès

Asụsụ ndị Portugal

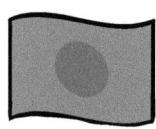

bengalí

Asụsụ ndị Bengal

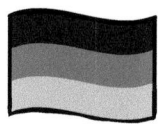

alemany

Asụsụ ndị German

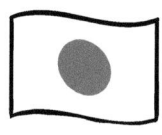

japonès

Asụsụ ndị Japan

qui / què / com
onye / ihe / olee

jo
M

tu
gị

ell / ella / allò
ya / ya / ya

nosaltres
anyị

vosaltres
gị

ells
ha

qui?
onye?

què?
gịnị?

com?
kedu?

on?
ebe?

quan?
mgbe ole?

nom
aha

on
ebee

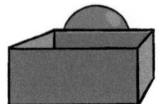

darrere

n'azụ

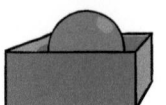

en

n'ime

davant de

n'ihu

damunt

gafee

sobre

na

sota

n'okpuru

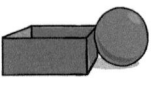

al costat

n'akụkụ

entre

n'etiti

lloc

ebe